AF609561

ORDONNANCE DU ROI

CONCERNANT LE GOUVERNEMENT

DES ÎLES SAINT-PIERRE ET MIQUELON.

(18 SEPTEMBRE 1844.)

PARIS.

IMPRIMERIE IMPÉRIALE.

1858.

ORDONNANCE DU ROI

CONCERNANT LE GOUVERNEMENT

DES ÎLES SAINT-PIERRE ET MIQUELON.

Au palais de Neuilly, le 18 septembre 1844.

LOUIS-PHILIPPE, Roi des Français,

A tous ceux qui ces présentes verront, salut.

Vu l'article 25 de la loi du 24 avril 1833, sur le régime législatif des colonies, ainsi conçu :

« L'établissement de pêche de Saint-Pierre et Miquelon continuera d'être régi par ordonnances du Roi; »

Sur le rapport de notre ministre secrétaire d'État de la marine et des colonies,

Nous avons ordonné et ordonnons ce qui suit :

TITRE PREMIER.

ORGANISATION DU SERVICE.

ARTICLE PREMIER.

Le commandement et l'administration supérieure des îles Saint-Pierre et Miquelon sont confiés à un commandant résidant à Saint-Pierre.

ART. 2.

Un officier du commissariat de la marine et un chef du service judiciaire dirigent, sous les ordres du commandant, les différentes parties du service.

ART. 3.

Un inspecteur colonial veille à la régularité du service administratif, et requiert, à cet effet, l'exécution des lois, ordonnances et règlements.

ART. 4.

Un conseil d'administration, placé près du commandant, éclaire ses décisions [1] et statue, en certains cas, comme conseil du contentieux administratif.

TITRE II.

DU COMMANDANT.

CHAPITRE PREMIER.

ATTRIBUTIONS GÉNÉRALES ET ADMINISTRATIVES DU COMMANDANT.

ART. 5.

Le commandant exerce seul l'autorité militaire.

Il prescrit tout ce qui est relatif à la levée, au service et au licenciement des milices.

ART. 6.

Il a sous ses ordres ceux des bâtiments de l'État qui sont attachés au service de la colonie, et en dirige les mouvements.

ART. 7.

Les commandants des bâtiments de l'État en station ou en mis-

[1] Pour faciliter l'application de l'ordonnance, on a indiqué par un astérisque (*) les cas où le commandant est tenu de prendre l'avis du conseil d'administration.

sion, mouillés dans les ports ou sur les rades des îles Saint-Pierre et Miquelon, y exercent la police qui leur est attribuée par les ordonnances de la marine, en se conformant aux règlements locaux; mais ils n'exercent à terre aucune autorité.

ART. 8.

Le commandant a la direction supérieure des différentes parties de l'administration.

ART. 9.

§ 1er. Le commandant exerce une surveillance supérieure sur la police de la navigation.

§ 2 (*). Il délivre les actes de francisation dans les limites fixées par les règlements et par les instructions de notre ministre de la marine.

ART. 10 (*).

Le commandant, en conseil, arrête, chaque année, pour être soumis à l'approbation de notre ministre de la marine:

L'état des dépenses à faire dans la colonie pour les services qui sont à la charge de la métropole;

Le projet de budget des recettes et des dépenses du service intérieur;

Les projets de travaux de toute nature;

L'état des approvisionnements dont l'envoi doit être effectué par la métropole.

ART. 11 (*).

§ 1er. Les mémoires, plans et devis relatifs aux travaux projetés sont soumis à l'approbation de notre ministre de la marine, lorsque la dépense proposée excède trois mille francs et qu'elle concerne des services qui sont à la charge de la métropole, ou lorsque cette dépense, étant relative au service intérieur, excède quatre mille francs. Toutefois l'exécution peut avoir lieu sans attendre l'approbation ministérielle, s'il s'agit de réparations urgentes.

§ 2. Le commandant arrête les plans et devis relatifs aux travaux dont la dépense est inférieure aux sommes fixées ci-dessus.

ART. 12.

Le commandant pourvoit à l'exécution du budget du service colonial arrêté par notre ministre de la marine et approuvé par nous.

ART. 13.

§ 1er (*). Il émet les arrêtés relatifs aux contributions, rend les rôles exécutoires, et statue sur les demandes en dégrèvement; mais il ne peut, en matière de contributions indirectes, accorder ni remise ni modération de droits.

§ 2. Il se fait rendre compte du recouvrement des contributions, tient la main à ce que les rentrées s'opèrent régulièrement, comme aussi à ce qu'il ne soit fait aucune autre perception que celles qui sont dûment autorisées, et fait poursuivre les contrevenants.

§ 3. Il se fait également rendre compte des contraventions aux règlements et actes locaux sur les douanes et sur les contributions. Il tient la main à ce que les poursuites nécessaires soient exercées.

ART. 14.

§ 1er. Il arrête, chaque mois, la répartition des crédits nécessaires aux divers services.

§ 2. Il autorise, dans les limites de ses instructions, le tirage des traites en remboursement des avances faites par le trésor de la colonie pour le service à la charge de la métropole.

§ 3. Il se fait rendre compte de la situation des différentes caisses, et ordonne toutes vérifications extraordinaires qu'il juge nécessaires.

ART. 15 (*).

§ 1er. Le commandant, en conseil, arrête, chaque année, et transmet à notre ministre de la marine :

Le compte des recettes et des dépenses qui concernent les services à la charge de la métropole;

Le compte des recettes et des dépenses du service intérieur.

§ 2. Il arrête, chaque année, les comptes d'application en matières et en main-d'œuvre.

ART. 16.

§ 1er. Le commandant suit les mouvements du commerce et prend les mesures qui sont en son pouvoir pour en encourager les opérations et en favoriser les progrès.

§ 2 (*). Il tient la main à la stricte exécution des lois et ordonnances qui déterminent les droits et priviléges des bâtiments nationaux, et ne permet l'admission, dans la colonie, des bâtiments étrangers et de leurs cargaisons, que dans les limites qui lui sont tracées par ses instructions.

§ 3 (*). Il soumet à notre ministre de la marine les demandes ayant pour objet l'établissement des sociétés anonymes.

ART. 17 (*).

Le commandant se fait rendre compte de l'état des approvisionnements généraux de la colonie, défend ou permet, selon qu'il y a lieu, l'exportation des grains et autres objets de subsistance, et prend, en cas de disette, des mesures pour leur introduction.

ART. 18.

§ 1er (*). Il propose à notre ministre de la marine les acquisitions, échanges et aliénations d'immeubles pour le compte de la colonie, et statue définitivement, en conseil, à l'égard des acquisitions et des échanges de cette nature dont la valeur n'excède pas trois mille francs.

Lorsqu'il y a lieu de procéder à des ventes d'immeubles, elles se font avec concurrence et publicité.

§ 2 (*). Il pourvoit, à titre gratuit ou onéreux, suivant les cas, aux concessions de grèves et terrains inutiles au service, en se conformant aux ordonnances et règlements qui régissent la matière.

§ 3. Il veille à ce que des poursuites soient exercées pour la révocation des concessions et pour leur retour au domaine, lorsque les concessionnaires n'ont pas rempli leurs obligations.

ART. 19.

§ 1er. Le commandant surveille tout ce qui a rapport à l'instruction publique.

§ 2 (*). Aucune école ou autre institution du même genre ne peut être fondée sans son autorisation.

ART. 20.

Aucun bref ou acte de la cour de Rome, à l'exception de ceux de pénitencerie, ne peut être reçu ni publié dans la colonie qu'avec l'autorisation du commandant donnée d'après nos ordres.

ART. 21.

Le commandant tient la main à ce qu'aucune congrégation ou communauté religieuse ne s'établisse dans la colonie sans notre autorisation spéciale.

ART. 22 (*).

Le commandant accorde, en se conformant aux règles établies, les dispenses de mariage dans les cas prévus par les articles 145 et 164 du Code civil, et par la loi du 16 avril 1832.

ART. 23 (*).

§ 1er. Il propose au gouvernement, conformément à l'ordonnance royale du 30 septembre 1827, l'acceptation des dons et legs pieux ou de bienfaisance dont la valeur est au-dessus de mille francs.

§ 2. Il statue sur l'acceptation de ceux de mille francs et au-dessous, et en rend compte à notre ministre de la marine.

ART. 24.

Il accorde les passe-ports, congés, permis de débarquement et de séjour, en se conformant aux règles établies.

ART. 25.

§ 1er. Il ordonne les mesures générales relatives à la police sanitaire, tant à l'intérieur qu'à l'extérieur de la colonie.

§ 2. Les officiers de santé et les pharmaciens non attachés au service ne peuvent exercer dans la colonie qu'en vertu d'une autorisation délivrée par le commandant, et qu'après avoir rempli les formalités prescrites par les ordonnances et règlements.

ART. 26.

§ 1er. Le commandant a dans ses attributions les mesures de haute police.

§ 2. Il a le droit de mander devant lui, lorsque le bien du service ou le bon ordre l'exige, tout négociant, habitant ou autre individu qui se trouve dans la colonie.

§ 3. Il écoute et reçoit les plaintes et griefs qui lui sont adressés individuellement par les habitants; il en rend compte exactement à notre ministre de la marine, en lui transmettant toutes les pièces officielles, et lui fait part des mesures qu'il a prises pour y porter remède.

§ 4. Aucun individu ne peut être arrêté par mesure de haute police que sur un ordre signé du commandant.

Il peut interroger le prévenu, et doit le faire remettre, dans les vingt-quatre heures, entre les mains de la justice, sauf le cas où il est procédé contre lui extrajudiciairement, conformément à l'article 47.

Dans ce dernier cas, il doit être statué dans un délai de huit jours.

§ 5. Le commandant interdit ou dissout les réunions ou assemblées qui peuvent troubler l'ordre public.

CHAPITRE II.

DES POUVOIRS DU COMMANDANT RELATIVEMENT A L'ADMINISTRATION DE LA JUSTICE.

ART. 27.

Le commandant veille à la libre et prompte distribution de la justice.

ART. 28.

§ 1er. Il lui est interdit de s'immiscer dans les affaires qui sont de la compétence des tribunaux, et de citer devant lui aucun des habitants de la colonie à l'occasion de leurs contestations, soit en matière civile, soit en matière criminelle.

§ 2. Il lui est également interdit de s'opposer à aucune procédure civile ou criminelle.

ART. 29.

En matière civile, il ne peut empêcher ni retarder l'exécution des jugements et arrêts, à laquelle il est tenu de prêter main-forte lorsqu'il en est requis.

ART. 30.

En matière criminelle, il ordonne, en conseil, l'exécution de l'arrêt de condamnation, ou prononce le sursis, lorsqu'il y a lieu de recourir à notre clémence.

ART. 31 (*).

Il peut faire surseoir aux poursuites ayant pour objet le payement des amendes, lorsque l'insolvabilité des contrevenants est reconnue, à la charge d'en rendre compte à notre ministre de la marine.

ART. 32.

Il rend exécutoires les jugements administratifs prononcés par le conseil d'administration, conformément aux dispositions de la section IIe du chapitre III, titre V.

ART. 33.

§ 1er. Il légalise les actes à transmettre hors de la colonie.

Il légalise également les actes venant de l'étranger.

§ 2. Il se fait remettre et adresse à notre ministre de la marine les doubles minutes des actes destinés au dépôt des chartes et archives coloniales.

CHAPITRE III.

DES POUVOIRS DU COMMANDANT À L'ÉGARD DES FONCTIONNAIRES ET DES AGENTS DU GOUVERNEMENT.

ART. 34.

Tous les fonctionnaires et les agents du Gouvernement dans la colonie sont soumis à l'autorité du commandant.

ART. 35.

Son autorité sur les ministres de la religion s'exerce conformément aux ordonnances, édits et déclarations; mais la surveillance spirituelle et la discipline ecclésiastique appartiennent au supérieur ecclésiastique.

ART. 36.

Il exerce une haute surveillance sur les membres de l'ordre judiciaire; il a le droit de les reprendre, et il prononce sur les faits de discipline, conformément aux ordonnances.

ART. 37.

Le commandant maintient le chef du service administratif, le chef du service judiciaire et l'inspecteur colonial dans les attributions qui leur sont respectivement conférées, sans pouvoir lui-même entreprendre sur ces attributions, ni les modifier.

ART. 38.

Il prononce sur les différends qui peuvent s'élever entre les fonctionnaires de la colonie à l'occasion de leur rang ou de leurs prérogatives.

ART. 39.

Aucun fonctionnaire public ou agent salarié ne peut contracter mariage dans la colonie sans l'autorisation du commandant.

ART. 40.

§ 1er (*). La poursuite, dans la colonie, des agents du gouvernement prévenus de crimes ou délits commis dans l'exercice de leurs fonctions ne peut être autorisée que par le commandant, statuant en conseil.

§ 2 (*). Cette autorisation n'est pas nécessaire pour commencer l'instruction dans le cas de flagrant délit; mais la mise en jugement ne peut avoir lieu que sur l'autorisation du commandant, donnée en conseil.

§ 3. Il rend compte immédiatement des décisions qui ont été prises à notre ministre de la marine, qui statue sur les réclamations des parties, lorsque les poursuites ou la mise en jugement n'ont point été autorisées.

ART. 41.

§ 1er. Aucun emploi nouveau ne peut être créé dans la colonie que par notre ordre ou par celui de notre ministre de la marine.

§ 2. Le commandant pourvoit provisoirement, en cas d'urgence, et en se conformant aux règles du service, aux vacances qui surviennent dans les emplois qui sont à notre nomination ou à celle de notre ministre de la marine; mais il ne peut conférer aux intérimaires le grade ou le titre des fonctions qui leur sont confiées.

§ 3. Il pourvoit définitivement à tous les emplois qui ne sont pas à notre nomination ou à celle de notre ministre de la marine.

§ 4. Il révoque ou destitue les agents nommés par lui.

CHAPITRE IV.

DES RAPPORTS DU COMMANDANT AVEC LES GOUVERNEMENTS ÉTRANGERS.

ART. 42.

Le commandant communique, en ce qui concerne les îles Saint-Pierre et Miquelon, avec les gouverneurs des possessions étrangères voisines.

CHAPITRE V.

DES POUVOIRS DU COMMANDANT À L'ÉGARD DE LA LÉGISLATION COLONIALE.

ART. 43.

§ 1er. Le commandant promulgue les lois, ordonnances, arrêtés et règlements, et en ordonne l'enregistrement.

§ 2. Les lois, ordonnances et règlements de la métropole ne peuvent être rendus exécutoires dans la colonie que par notre ordre.

ART. 44 (*).

Le commandant rend des arrêtés et des décisions pour régler les matières d'administration et de police, et pour l'exécution des lois et ordonnances en vertu des ordres ministériels.

Ces règlements et décisions portent la formule :

« Au nom du Roi.

« Nous, commandant des îles Saint-Pierre et Miquelon, le conseil d'administration entendu,

« Avons arrêté et arrêtons ce qui suit. »

ART. 45 (*).

Lorsque le commandant juge utile d'introduire dans la législation coloniale des modifications ou des dispositions nouvelles, il prépare en conseil des projets d'ordonnances royales, et les transmet à notre ministre de la marine, qui lui fait connaître nos ordres.

CHAPITRE VI.

DES POUVOIRS EXTRAORDINAIRES DU COMMANDANT.

ART. 46 (*).

Le commandant, en conseil, peut modifier les dispositions du budget arrêté par notre ministre de la marine, lorsque des circonstances extraordinaires, survenues depuis l'envoi de ce budget, rendent ces modifications indispensables. Toutefois la somme totale allouée par le budget ne peut être dépassée, si ce n'est dans le cas d'urgence absolue.

ART. 47.

§ 1er (*). Dans les circonstances graves, et lorsque le bon ordre ou la sûreté de la colonie l'exige, le commandant, en conseil, peut prendre, à l'égard des individus qui troublent la tranquillité publique, les mesures ci-après, savoir :

1° L'exclusion pure et simple de Saint-Pierre ou de Miquelon ;

2° La mise en surveillance dans une de ces localités.

Ces mesures ne peuvent être prononcées que pour deux années au plus : pendant ce temps, les individus qui en sont l'objet ont la faculté de s'absenter de la colonie;

3° L'exclusion de la colonie à temps ou illimitée.

Cette mesure ne peut être prononcée que pour des actes tendant à compromettre la sûreté de la colonie.

Les individus nés, mariés ou domiciliés dans la colonie ne peuvent en être exclus pour plus de cinq années.

§ 2. Les individus qui, pendant la durée de leur exclusion, rentreraient dans la colonie, et ceux qui se soustrairaient à la surveillance déterminée par le n° 2 du paragraphe qui précède, seront jugés, pour ce fait, par les tribunaux ordinaires, qui leur appliqueront les dispositions de l'article 45 du Code pénal.

ART. 48 (*).

Le commandant peut refuser l'admission dans la colonie des individus dont la présence y serait jugée dangereuse.

ART. 49 (*).

§ 1er. Dans le cas où un fonctionnaire civil ou militaire, nommé par nous ou par notre ministre de la marine, aurait tenu une conduite tellement répréhensible qu'il ne pût être maintenu dans l'exercice de ses fonctions; si d'ailleurs il n'y avait pas lieu à le traduire devant les tribunaux, ou si une procédure régulière offrait de graves inconvénients, le commandant, en conseil, peut prononcer la suspension de ce fonctionnaire jusqu'à ce que notre ministre de la marine lui ait fait connaître nos ordres.

§ 2. Toutefois, à l'égard du chef du service administratif, du chef du service judiciaire, de l'inspecteur colonial et du juge de première instance, qui seraient dans le cas prévu ci-dessus, le commandant, avant de proposer au conseil aucune mesure à leur égard, doit leur faire connaître les griefs existant contre eux, et leur offrir les moyens de passer en France pour rendre compte de leur conduite à notre ministre de la marine. Leur suspension ne peut être prononcée qu'après qu'ils se sont refusés à profiter de cette faculté.

Il leur est loisible, lors même qu'ils ont été suspendus, de demander au commandant un passage pour France aux frais de la caisse coloniale. Il ne peut leur être refusé.

§ 3. Le commandant fait connaître par écrit, au fonctionnaire suspendu, les motifs de la décision prise à son égard.

§ 4. Il peut lui assigner pour résidence, pendant le temps de sa suspension, soit Saint-Pierre, soit Miquelon.

§ 5. Cette suspension entraînera de droit la retenue de la moitié du traitement colonial dans la colonie, et de la moitié du traitement d'Europe, en France.

ART. 50.

§ 1er. Le commandant rend compte immédiatement, à notre ministre de la marine, des mesures qu'il a prises en vertu de ses pouvoirs extraordinaires, et lui adresse toutes les pièces justificatives.

§ 2. Les individus auxquels les mesures autorisées par le présent chapitre auront été appliquées pourront, dans tous les cas, se pourvoir auprès de notre ministre de la marine, à l'effet d'obtenir de nous qu'elles soient rapportées ou modifiées.

CHAPITRE VII.

DE LA RESPONSABILITÉ DU COMMANDANT.

ART. 51.

Le commandant peut être poursuivi pour trahison, concussion, abus d'autorité ou désobéissance à nos ordres.

ART. 52.

§ 1er. Soit que les poursuites aient lieu à la requête du gouvernement, soit qu'elles s'exercent sur la plainte d'une partie intéressée, il y est procédé conformément aux règles prescrites en France à l'égard des agents du gouvernement.

§ 2. Dans le cas où le commandant est recherché pour dépenses indûment ordonnées en deniers, matières ou main-d'œuvre, il y est procédé administrativement.

ART. 53.

§ 1er. Le commandant ne peut, pour quelque cause que ce soit, être ni actionné ni poursuivi dans la colonie pendant l'exercice de ses fonctions.

§ 2. Toute action dirigée contre lui sera portée devant les tribunaux de France, suivant les formes prescrites par les lois de la métropole.

§ 3. Aucun acte, aucun jugement ne peuvent être mis à exécution contre le commandant dans la colonie.

CHAPITRE VIII.

DISPOSITIONS DIVERSES RELATIVES AU COMMANDANT.

ART. 54.

Le commandant adresse, chaque année, à notre ministre de la marine, un mémoire sur la situation générale de la colonie; il y rend compte de toutes les parties de l'administration qui lui est confiée, signale les abus à réformer, fait connaître les améliorations qui se sont opérées dans l'année, et propose ses vues sur tout ce qui peut intéresser le bien de notre service ou tendre à la prospérité des habitants.

ART. 55.

Le commandant ne peut, pendant la durée de ses fonctions, acquérir des propriétés foncières ni contracter mariage dans la colonie sans notre autorisation.

ART. 56.

§ 1er. Lorsque nous jugeons convenable de rappeler le commandant, ses pouvoirs cessent aussitôt après le débarquement de son successeur.

§ 2. Le commandant remplacé fait reconnaître immédiatement son successeur, en présence des autorités du chef-lieu de la colonie.

§ 3. Il lui remet un mémoire détaillé, faisant connaître les opérations commencées ou projetées pendant son administration, et la situation des différentes parties du service.

§ 4. Il lui fournit, par écrit, des renseignements sur tous les fonctionnaires et employés du gouvernement dans la colonie.

§ 5. Il lui remet en outre, sur inventaire, ses registres de correspondance, et toutes les lettres et pièces officielles relatives à son administration, sans pouvoir en retenir aucune, à l'exception de ses registres de correspondance confidentielle et secrète.

ART. 57.

En cas de mort, d'absence ou autre empêchement, et lorsque nous n'y avons pas pourvu d'avance, le commandant est provisoirement remplacé par le chef du service administratif, et, à défaut de celui-ci, par le chef du service judiciaire.

TITRE III.
DES CHEFS DE SERVICE.

CHAPITRE PREMIER.
DU CHEF DU SERVICE ADMINISTRATIF.

SECTION PREMIÈRE.
DES ATTRIBUTIONS DU CHEF DU SERVICE ADMINISTRATIF.

ART. 58.

Un officier du commissariat de la marine est chargé, sous les ordres du commandant, de l'administration de la marine, de l'intérieur et du trésor, de la direction des travaux du service intérieur, et de la comptabilité générale pour tous les services.

Le service des douanes est confié sous ses ordres à un des employés de l'administration.

ART. 59.

§ 1er. Le chef du service administratif prend les ordres généraux du commandant sur toutes les parties du service qui lui est confié, dirige et surveille leur exécution, en se conformant aux lois, ordonnances, règlements et décisions ministérielles, et rend compte au commandant périodiquement, et toutes les fois qu'il l'exige, des actes et des résultats de son administration.

§ 2. Il l'informe immédiatement de tous les cas extraordinaires et circonstances imprévues qui intéressent son service.

ART. 60.

§ 1er. Le chef du service administratif travaille et correspond seul avec le commandant sur les matières de ses attributions.

§ 2. Seul il reçoit et transmet ses ordres sur tout ce qui est relatif au service qu'il dirige.

§ 3. Il représente au commandant, toutes les fois qu'il en est requis, les registres des ordres qu'il a donnés, et de sa correspondance officielle.

§ 4. Il porte à la connaissance du commandant, sans attendre ses ordres, les rapports qui lui sont faits par ses subordonnés sur les abus à réformer et les améliorations à introduire dans les parties du service qui leur sont confiées.

ART. 61.

§ 1er. Il a la présentation des candidats aux places vacantes dans son administration qui sont à la nomination provisoire ou définitive du commandant.

§ 2. Il propose, s'il y a lieu, la suspension, la révocation ou la destitution des employés sous ses ordres, et dont la nomination émane du commandant.

ART. 62.

Il prépare et propose, en ce qui concerne l'administration qu'il dirige:

La correspondance générale du commandant avec notre ministre de la marine et avec les gouvernements étrangers;

Les ordres généraux de service, et tous autres travaux de même nature dont le commandant juge à propos de le charger.

Il tient enregistrement de la correspondance générale du commandant relative à son service.

SECTION II.

DISPOSITIONS DIVERSES RELATIVES AU CHEF DU SERVICE ADMINISTRATIF.

ART. 63.

Le chef du service administratif est membre du conseil d'administration.

ART. 64.

Il prépare et soumet au conseil, d'après les ordres du commandant, en ce qui est relatif au service qu'il dirige :

1° Les projets d'ordonnances, d'arrêtés et de règlements;

2° Les rapports concernant:

Les plans, devis et comptes des travaux;

Les questions douteuses que présente l'application des ordonnances, arrêtés et règlements en matière administrative;

Les affaires contentieuses;

Les mesures à prendre à l'égard des fonctionnaires ou employés sous ses ordres, dans les cas prévus par les articles 40 et 49;

Les contestations entre les fonctionnaires publics à l'occasion de leurs attributions, rangs et prérogatives;

Enfin, les autres affaires qui sont dans ses attributions, et qui doivent être portées au conseil.

ART. 65.

§ 1er. Il contre-signe les arrêtés, règlements, ordres généraux de service, décisions du commandant en conseil, et autres actes de l'autorité locale qui ont rapport à son administration, et veille à leur enregistrement partout où besoin est.

§ 2. Il pourvoit à l'expédition des commissions provisoires ou définitives des congés et des ordres de service qui émanent du commandant, et qui sont relatifs aux agents placés sous ses ordres ou à tous officiers civils et militaires.

Il pourvoit à l'enregistrement des brevets, commissions, congés et ordres de service relatifs à tous les fonctionnaires et agents quelconques employés dans la colonie.

ART. 66.

A la fin de chaque année, il adresse à notre ministre de la marine, par l'intermédiaire du commandant, un compte raisonné de la situation de son service.

ART. 67.

En cas de mort, d'absence, ou de tout autre empêchement qui oblige le chef du service administratif à cesser son service, il est remplacé par l'inspecteur colonial.

CHAPITRE II.

DU CHEF DU SERVICE JUDICIAIRE.

SECTION PREMIÈRE.

DES ATTRIBUTIONS DU CHEF DU SERVICE JUDICIAIRE.

ART. 68.

Le chef du service judiciaire est membre du conseil d'administration.

ART. 69.

Il prépare et soumet au conseil, d'après les ordres du commandant,

1° Les projets d'ordonnances, d'arrêtés, de règlements et d'instructions sur les matières judiciaires;

2° Les rapports concernant

Les conflits;

Les recours en grâce;

Les mesures à prendre à l'égard des fonctionnaires attachés à l'ordre judiciaire, dans les cas prévus par les articles 40 et 49;

Les contestations entre les membres des tribunaux relativement à leurs fonctions, rangs et prérogatives; enfin, toutes autres affaires concernant son service, et qui doivent être portées au conseil.

ART. 70.

Le chef du service judiciaire a dans ses attributions,

1° La surveillance et la bonne tenue des lieux où se rend la justice;

2° La surveillance de la curatelle aux successions vacantes, telle qu'elle est déterminée par les ordonnances et règlements;

3° La vérification et le visa de toutes les pièces nécessaires à la justification et à la liquidation des frais de justice à la charge du service public;

4° Le contre-seing des arrêtés, règlements, décisions du commandant, et autres actes de l'autorité locale qui ont rapport à l'administration de la justice;

5° L'expédition et le contre-seing des commissions et congés délivrés par le commandant aux membres de l'ordre judiciaire, ainsi que des commissions des officiers ministériels;

6° L'enregistrement, partout où besoin est, des commissions et autres actes qu'il expédie et contre-signe.

ART. 71.

Il exerce directement la discipline sur les officiers ministériels, sauf, s'il s'agit de la suspension ou de la destitution, à adresser au commandant les propositions qu'il juge nécessaires.

SECTION II.

DISPOSITIONS DIVERSES RELATIVES AU CHEF DU SERVICE JUDICIAIRE.

ART. 72.

Le chef du service judiciaire rend compte au commandant de tout ce qui est relatif à l'administration de la justice et à la conduite des magistrats.

ART. 73.

Il présente les rapports sur les demandes en dispenses de mariage et sur les demandes de naturalisation.

ART. 74.

Il se fait remettre et adresse au commandant, après en avoir fait la vérification, les doubles minutes des actes qui doivent être périodiquement envoyés au dépôt des chartes coloniales en France.

ART. 75.

Il est chargé de présenter au commandant les listes de candidats aux places vacantes dans le service qu'il dirige.

ART. 76.

Sont applicables au chef du service judiciaire, en ce qui concerne ledit service, les dispositions des articles 59, 60, 61, 62 et 66 de la présente ordonnance.

ART. 77.

En cas de mort, d'absence ou de tout autre empêchement qui oblige le chef du service judiciaire à cesser ses fonctions, il est remplacé provisoirement par le juge de première instance.

TITRE IV.

DE L'INSPECTEUR COLONIAL.

ART. 78.

L'inspecteur colonial est membre du conseil d'administration.

Il est chargé de l'inspection et de la surveillance générale de toutes les parties du service administratif de la colonie.

ART. 79.

Son inspection et son contrôle s'étendent :

Sur les recettes et les dépenses en deniers, matières et vivres;

Sur la conservation des marchandises et munitions de toute espèce dans les magasins;

Sur les revues des troupes, des équipages de nos bâtiments, des officiers sans troupe et autres agents salariés;

Sur l'emploi des matières et du temps des ouvriers;

Sur les biens domaniaux;

Sur les hôpitaux, prisons, chantiers et ateliers, et autres établissements publics;

Sur les formes et l'exécution des adjudications, marchés et traités pour fournitures et ouvrages;

Sur l'administration de la caisse des invalides, des gens de mer et des prises;

Sur tout ce qui concerne les contributions directes et indirectes de la colonie, dont il suit les mouvements, vérifie et arrête mensuellement les registres et la comptabilité, sans déplacement de pièces.

ART. 80.

Il vérifie les opérations de la comptabilité générale; il enregistre et vise les ordres de recette, et toutes les pièces à la décharge du trésorier.

ART. 81.

§ 1er. Il vérifie, concurremment avec le chef du service administratif, chaque mois, et plus souvent si le cas l'exige, la caisse coloniale et la caisse des invalides, gens de mer et prises.

Il vérifie également, toutes les fois qu'il le juge nécessaire, la caisse du curateur aux successions vacantes.

§ 2. Il s'assure, lors de ces différentes vérifications, de la concordance des écritures du trésorier avec celles du bureau des fonds.

§ 3. Il informe le commandant du résultat de ces opérations.

ART. 82.

Il reçoit les actes de cautionnement pour l'exécution des marchés, adjudications et fermages.

Il concourt et veille à la réception de ceux qui doivent être fournis par des fonctionnaires ou agents de la colonie.

ART. 83.

§ 1er. L'inspecteur colonial exerce les poursuites, par voie administrative et judiciaire, contre les débiteurs de deniers publics, les fournisseurs, entrepreneurs et tous autres qui ont passé des marchés avec le gouvernement; fait établir tout séquestre, prend toutes hypothèques sur leurs biens, en donne mainlevée lorsque les débiteurs se sont libérés, et défend à toutes demandes formées par les comptables.

§ 2. Il procède, en outre, soit en demandant, soit en défendant, dans toutes les affaires portées devant le conseil où le gouvernement est partie principale.

ART. 84.

§ 1er. Il a le dépôt et la garde des archives de la colonie; il les reçoit sur inventaire, et en est personnellement responsable.

§ 2. Il est chargé de l'enregistrement, du dépôt et de la classification des lois, ordonnances, règlements, décisions et ordres du ministre et du commandant, des brevets, commissions, devis, plans, cartes, mémoires et procès-verbaux relatifs à tous les services administratifs de la colonie. Il en délivre, au besoin, des copies collationnées, et ne peut se dessaisir des originaux que sur l'ordre du commandant.

§ 3. Il requiert la réintégration ou le dépôt aux archives des pièces qui en dépendent ou doivent en faire partie, quels qu'en soient les détenteurs.

§ 4. Il assiste nécessairement à l'apposition et à la levée des scellés mis sur les papiers des fonctionnaires décédés dans l'exercice de leurs fonctions, ou dont les comptes n'ont pas été apurés, comme aussi aux inventaires qui doivent être dressés lorsque le commandant et les chefs de service sont remplacés, et réclame les titres, pièces et documents qu'il juge devoir faire partie des archives.

ART. 85.

§ 1er. L'inspecteur colonial exerce ses fonctions dans une entière indépendance de toute autorité locale; mais il ne peut diriger ni suspendre aucune opération.

§ 2. Il requiert, dans toutes les parties du service administratif de la colonie, tant sur le fond que sur la forme, l'exécution ponctuelle des ordonnances, des règlements, des ordres ministériels, des ordres du commandant et de ses décisions en conseil. Il adresse, à cet effet, aux chefs de service, toutes les représentations et observations qu'il juge utiles; s'il n'y est pas fait droit, il en informe le commandant.

§ 3. L'inspecteur colonial ne s'adresse directement au commandant que lorsqu'il a à signaler des abus, ou à faire des propositions sur lesquelles le commandant peut seul statuer.

§ 4. L'inspecteur colonial tient enregistrement des représentations qu'il fait au commandant ou aux chefs de service; il en adresse copie à notre ministre de la marine s'il n'y a pas été fait droit.

ART. 86.

Les bureaux, ateliers, magasins, hôpitaux et autres établissements soumis à son inspection lui sont ouverts, ainsi qu'à ses préposés, et il leur est donné communication de tous les états, registres ou pièces quelconques dont ils demandent à prendre connaissance.

ART. 87.

Il adresse directement à notre ministre de la marine, à la fin de chaque année, un compte raisonné des différentes parties de son service.

ART. 88.

En cas de mort, d'absence ou de tout autre empêchement qui oblige l'inspecteur colonial à cesser son service, il est remplacé par l'officier ou l'employé du commissariat de la marine le plus élevé en grade; à grade égal, le choix appartient au commandant.

TITRE V.

DU CONSEIL D'ADMINISTRATION.

CHAPITRE PREMIER.

DE LA COMPOSITION DU CONSEIL D'ADMINISTRATION.

ART. 89.

§ 1er. Le conseil d'administration est composé :

Du commandant,

Du chef du service administratif,

Du chef du service judiciaire,

De l'inspecteur colonial et d'un habitant notable.

Un commis ou écrivain de la marine tient la plume.

L'habitant notable, membre ordinaire du conseil, est nommé annuellement par le commandant, ainsi qu'un notable suppléant.

Ils sont tous deux rééligibles.

§ 2. Lorsque le conseil a à prononcer sur les matières de contentieux administratif spécifiées à la section II du chapitre III du présent titre, le juge de première instance est appelé à siéger en remplacement de l'inspecteur colonial, qui y exerce alors les fonctions du ministère public.

§ 3. Lorsque le conseil concourt à l'exercice des pouvoirs extraordinaires dans les cas prévus aux articles 47, 48 et 49, il appelle dans son sein le juge de première instance et un fonctionnaire de l'ordre administratif, qui y ont, l'un et l'autre, voix délibérative.

ART. 90.

§ 1er. Le chirurgien en chef, le capitaine de port du chef-lieu, le trésorier et le conducteur des ponts et chaussées, sont appelés de droit au conseil avec voix délibérative, lorsqu'il y est traité de matières de leurs attributions.

§ 2. Le commandant peut, en outre, convoquer, pour être entendus à titre consultatif, des négociants ou capitaines de commerce, lorsque la matière en discussion lui paraît rendre utile cette adjonction.

ART. 91.

Les membres du conseil sont remplacés ainsi qu'il est réglé aux articles 67, 77 et 88, en ce qui concerne le chef du service administratif, le chef du service judiciaire et l'inspecteur colonial.

CHAPITRE II.

DES SÉANCES DU CONSEIL D'ADMINISTRATION ET DE LA FORME DE SES DÉLIBÉRATIONS.

ART. 92.

§ 1er. Le commandant est président du conseil.

§ 2. Lorsqu'il est empêché, la présidence appartient au chef du service administratif, et, à défaut de celui-ci, au chef du service judiciaire.

§ 3. Les membres du conseil prennent rang et séance dans l'ordre établi à l'article 89.

ART. 93.

Les membres du conseil prêtent entre les mains du commandant, lorsqu'ils siégent ou assistent pour la première fois au conseil, le serment dont la formule suit :

« Je jure, devant Dieu, de bien et fidèlement servir le Roi et « l'État; de garder et observer les lois, ordonnances et règlements « en vigueur dans la colonie; de tenir secrètes les délibérations « du conseil d'administration, et de n'être guidé, dans l'exercice

« des fonctions que je suis appelé à remplir, que par ma conscience « et le bien du service du Roi. »

ART. 94.

§ 1er. Le conseil s'assemble à l'hôtel du gouvernement, et dans un local spécialement affecté à ses séances.

§ 2. Il se réunit le 1er de chaque mois, et continue ses séances, sans interruption, jusqu'à ce qu'il ait expédié toutes les affaires sur lesquelles il a à délibérer.

§ 3. Il s'assemble, en outre, toutes les fois que des affaires urgentes nécessitent sa réunion, et que le commandant juge convenable de le convoquer.

ART. 95.

§ 1er. Le conseil ne peut délibérer qu'autant que tous ses membres sont présents ou légalement remplacés.

§ 2. Les membres du conseil ne peuvent se faire remplacer qu'en cas d'empêchement absolu.

ART. 96.

Sauf le cas d'urgence, le président fait informer à l'avance les membres du conseil et les personnes appelées à y siéger momentanément des affaires qui doivent y être traitées : les pièces et rapports y relatifs sont déposés au secrétariat du conseil, pour que les membres puissent en prendre connaissance.

ART. 97.

§ 1er. Le conseil a le droit de demander communication des pièces et documents relatifs à la comptabilité.

§ 2. Il peut aussi demander que tous autres documents susceptibles de servir à former son opinion lui soient communiqués.

Dans ce dernier cas, le commandant décide si la communication aura lieu : en cas de refus, mention en est faite au procès-verbal.

ART. 98.

§ 1er. Le président, avant de fermer la discussion, consulte le conseil pour savoir s'il est suffisamment instruit.

§ 2. Le conseil délibère à la pluralité des voix.

§ 3. Les voix sont recueillies par le président, et dans l'ordre inverse des rangs qu'occupent les membres du conseil : le président vote le dernier.

§ 4. Tout membre qui s'écarte des égards et du respect dus au con eil est rappelé à l'ordre par le président, et mention en est faite au procès-verbal.

ART. 99.

§ 1er. Le secrétaire rédige les procès-verbaux des séances. Il y consigne les avis motivés et les votes nominatifs; il y insère même, lorsqu'il en est requis, les opinions rédigées, séance tenante, par les membres du conseil.

§ 2. Le secrétaire donne lecture, au commencement de chaque séance, du procès-verbal de la séance précédente.

§ 3. Le procès-verbal approuvé est transcrit sur un registre coté et parafé par le commandant, et est signé par tous les membres du conseil.

§ 4. Deux expéditions du procès-verbal de chaque séance, visées par le président et certifiées par le secrétaire, sont adressées à notre ministre de la marine par des occasions différentes.

L'une est expédiée par le commandant, l'autre par l'inspecteur colonial.

§ 5. Le secrétaire est chargé de la convocation des membres du conseil et des avis à leur donner, sur l'ordre du président; de la réunion de tous les documents nécessaires pour éclairer les délibérations, et de tout ce qui est relatif à la rédaction, l'enregistrement et l'expédition des procès-verbaux.

ART. 100.

§ 1er. Le secrétaire a dans ses attributions la garde du sceau du conseil, le dépôt de ses archives, la garde de sa bibliothèque et l'entretien du local destiné à ses séances.

§ 2. Avant d'entrer en fonctions, le secrétaire prête entre les mains du commandant, en conseil, le serment de tenir secrètes les délibérations du conseil.

§ 3. Il lui est interdit de donner, à d'autres personnes qu'aux membres du conseil, communication des pièces et documents confiés à sa garde, à moins d'un ordre écrit du commandant.

§ 4. En cas d'absence ou d'empêchement qui oblige le secrétaire de cesser son service, il est remplacé par un employé de l'administration, au choix du commandant.

CHAPITRE III.

DES ATTRIBUTIONS DU CONSEIL D'ADMINISTRATION.

SECTION PREMIÈRE.

DISPOSITIONS GÉNÉRALES.

ART. 101.

§ 1er. Le conseil ne peut délibérer que sur les affaires qui lui sont présentées par le commandant ou par son ordre, sauf les cas où il juge administrativement.

§ 2. Les projets d'ordonnances, d'arrêtés, de règlements, et toutes les affaires qu'il est facultatif au commandant de proposer au conseil, peuvent être retirés par lui lorsqu'il le juge convenable.

ART. 102.

§ 1er. Les pouvoirs et attributions qui sont conférés au commandant par les articles 9, § 2; 10; 11; 13, § 1er; 15; 16, §§ 2 et 3; 17; 18, §§ 1er et 2; 19, § 2; 22; 23; 30; 31; 40, §§ 1er et 2; 44; 45; 46; 47, § 1er; 48 et 49, ne sont exercés par lui qu'après avoir pris l'avis du conseil d'administration, mais sans qu'il soit tenu de s'y conformer.

Le conseil est également consulté, au même titre:

Sur la vérification du compte rendu par les commis aux vivres et autres comptables embarqués sur ceux des bâtiments de l'État qui sont attachés au service de la colonie;

Sur les marchés et adjudications pour ouvrages et fournitures quelconques au-dessus de quatre cents francs;

Sur les ventes des objets impropres au service;

Sur les expropriations pour cause d'utilité publique;

Sur les questions douteuses que présente l'application des ordonnances et règlements.

§ 2. Dans tous les autres cas, le commandant ne prend l'avis du conseil que s'il le juge nécessaire.

ART. 103.

§ 1er. Tout membre titulaire peut soumettre au commandant, en conseil, les propositions ou observations qu'il juge utiles au bien du service. Le commandant décide s'il en sera délibéré.

§ 2. Mention du tout est faite au procès-verbal.

ART. 104.

Le conseil ne peut correspondre avec aucune autorité.

SECTION II.

DES MATIÈRES QUE LE CONSEIL JUGE ADMINISTRATIVEMENT.

ART. 105.

Le conseil d'administration connaît, comme conseil du contentieux administratif:

§ 1er. Des conflits positifs ou négatifs élevés par les chefs de service, chacun en ce qui le concerne, et du renvoi devant l'autorité compétente, lorsque l'affaire n'est pas de nature à être portée devant le conseil d'administration ;

§ 2. De toutes les contestations qui peuvent s'élever entre l'administration et les entrepreneurs de fournitures ou de travaux publics, ou tous autres qui auraient passé des marchés avec le gouvernement, concernant le sens ou l'exécution des clauses de ces marchés ;

§ 3. Des réclamations des particuliers qui se plaignent de torts et de dommages provenant du fait personnel des entrepreneurs, à l'occasion des marchés passés par ceux-ci avec le gouvernement ;

§ 4. Des demandes et contestations concernant les indemnités dues aux particuliers, à raison du dommage causé à leurs terrains par l'extraction ou l'enlèvement des matériaux nécessaires à la confection des chemins, canaux et autres ouvrages publics ;

§ 5. Des demandes en réunion de grèves et terrains au domaine, lorsque les concessionnaires ou leurs ayants droit n'ont pas rempli les clauses des concessions ;

§ 6. Des demandes concernant les concessions de prises d'eau ;

§ 7. De l'interprétation des titres de concession, s'il y a lieu, laissant aux tribunaux à statuer sur toute autre contestation qui peut s'élever relativement à l'exercice des droits concédés ;

§ 8. Des contestations relatives à l'ouverture, la largeur, le redressement et l'entretien des rues et des chemins de toute nature, comme aussi des contestations relatives aux servitudes pour l'usage de ces chemins ;

§ 9. Des contestations relatives à l'établissement des embarcadères et des ponts ;

§ 10. Des empiétements sur la propriété publique ;

§ 11. Des demandes formées par les comptables en mainlevée de séquestre ou d'hypothèques établis à la diligence de l'inspecteur colonial;

§ 12. Des contestations élevées sur les demandes formées par l'inspecteur colonial, ayant pour objet, conformément à l'article 84, §§ 3 et 4, de faire réintégrer ou déposer aux archives des pièces qui en dépendent ou doivent en faire partie, quels qu'en soient les détenteurs;

§ 13. En général, du contentieux administratif.

ART. 106.

Les parties peuvent se pourvoir devant le conseil d'État, par la voie du contentieux, contre les décisions rendues par le conseil d'administration sur les matières énoncées dans l'article précédent. Ce recours n'a d'effet suspensif que dans le cas de conflit.

ART. 107.

Le mode de procéder devant le conseil d'administration constitué en conseil de contentieux administratif est déterminé par un règlement particulier.

ART. 108.

Toutes dispositions antérieures sont et demeurent abrogées en ce qu'elles auraient de contraire aux présentes.

ART. 109.

Notre ministre secrétaire d'État de la marine et des colonies est chargé de l'exécution de la présente ordonnance.

Donné à Neuilly, le 18 septembre 1844.

LOUIS-PHILIPPE.

Par le Roi :

Le Vice-Amiral, Pair de France,
Ministre Secrétaire d'État de la marine et des colonies,
Bon DE MACKAU.

TABLE DES MATIÈRES.

www.ingramcontent.com/pod-product-compliance
Ingram Content Group UK Ltd.
Pitfield, Milton Keynes, MK11 3LW, UK
UKHW020355250726
13967UKWH00005B/2304

9 782011 925404